the
Three Pandas

Simplified Chinese version

The Three Pandas
Simplified Chinese version

红色的口红可以吗?

我怎么不穿衣服呢?

在 中国 有 三只 熊貓。

hónGSè de kǒuhónG kěyǐ ma?

wǒ zěnme Bù CHUĀN YĪfÚ ne?

Zài ZHŌNGguÓ yǒu SĀN ZHĪ xiónGMĀO.

你喜欢
我的帽子吗?

一只是熊貓 爸爸。

nǐ xǐHUĀN
wǒ de Màozi ma?

YĪ ZHĪ Shì
xiónGMĀO Bàba.

Dì Èr Yè

一 只 是 熊貓 妈妈。

nǐ QuèDìng
zhèi ge **kǒu**hóng
kěyǐ ma?

YĪ ZHĪ Shì
xiónGMĀO MĀma.

爸爸 要
我 这 顶
冒子...

一 只 是 小熊貓 宝宝。

Bàba Yào
wǒ Zhèi dǐng
Màozi...

YĪ ZHĪ Shì xiǎo
xiónGMĀO bǎobao.

Dì Sì Yè

三只熊貓的 家
在 北京。

SĀN ZHĪ xiónGMĀO
de JIĀ Zài běiJĪNG.

Dì wǔ Yè

星期四，他们想吃

热狗。

XĪNGQĪSì TĀméN
xiǎng CHĪ Règǒu.

Dì Liù Yè

黄色 的 冰箱...
这是 70
年代 吗?

但是 热狗 没有 了！

huánGSè de BĪNGXIĀNG... Zhèi Shì 70 niánDài ma?

DànShì Règǒu méIyǒu le!

「我们 骑 自行车 去
Bear-Mart 吧！」

wǒ qí dé
Zuì Kuài!

wǒmen qí ZìxínGCHĒ
Qù Bear-Mart ba!

Dì BĀ Yè

三只熊貓 就 骑 了
自行车 去 Bear-Mart.

SĀN ZHĪ xióNG MĀO

Jiù qÍ le ZìxínGCHĒ

Qù Bear-Mart.

Dì jiǔ Yè

这匹马腿不好，
所以便宜！

一只猫来了
他们的家！

Zhèi pǐ mǎ tuǐ Bù hǎo, suǒyǐ piáNyí!

YĪ ZHĪ MĀO láI le TĀmen de JIĀ!

Dì shí Yè

里面 也
没有
零钱...

她 不 **喜**欢 爸爸 的
椅子。 太大 了!

liMiàn yě
méIyǒu
línGqiáN...

TĀ Bù xǐHUĀN Bàba
de yǐzi. Tài Dà le!

猫 **也** 不 **喜**欢 妈妈 的 椅子。 太 **粉**红色的！

wǒ tǎoYàn
fěnhónGSè
de DŌNGXĪ!

MĀO yě Bù xǐHUĀN MĀma de yǐzi.

Tài fěnhónGSè de!

还不错！

但是 她 很 喜欢 小熊 宝宝 的 椅子！

hái bÚCuò!

Dàn Shì TĀ hěn xǐHUĀN xiǎo
xiónG bǎobao de yǐzi!

猫 想 吃 热狗。 但是

没有 热狗。 猫 哭。

MĀO xiǎng CHĪ Règǒu. DànShì méIyǒu Règǒu. MĀO KŪ.

我 热, 但是 我 不 辣!

猫 看 了 熊貓
爸爸 的 面条。
他 不 **喜**欢。 太热 了 !

wǒ Rè, DànShì wǒ bÚ Là!

MĀO Kànle xióNGMĀO Bàba
de MiàntiáO.
TĀ Bù xǐHUĀN. Tài Rè le!

里面 的 东西
也 很 科怕!

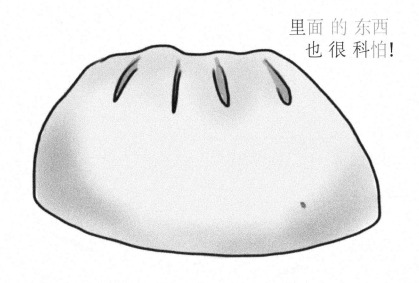

妈妈 的 包子 他 也 不
喜欢。 太大了！

lǐMiàn de DŌNGXĪ
yě hěn kěPà!

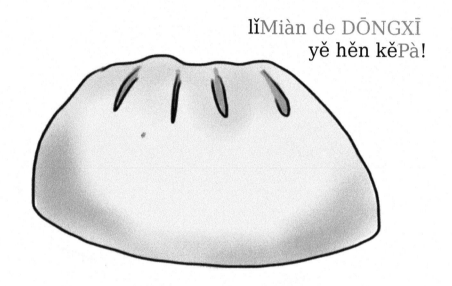

MĀma de BĀOzi TĀ yě Bù xǐHUĀN. Tài Dà le!

Dì shÍLiù Yè

老鼠 水饺...
我 最 喜欢 的!

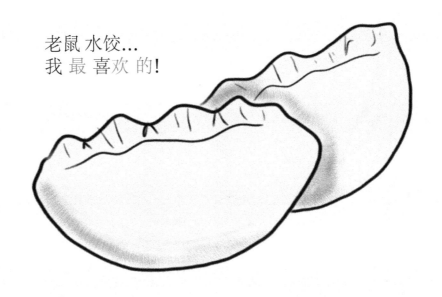

但是 小熊貓 宝宝
的 水饺 很 好 吃。
猫 很 喜欢。

lǎoshǔ
shuǐjiǎo...wǒ
Zuì xǐHUĀN
de*!

Dàn Shì xiǎo xiónG bǎobao de

shuǐjiǎo hěn hǎoCHĪ.

MĀO hěn xǐHUĀN!

猫 不 **喜**欢 爸爸 的
床。 太大 了！

wǒ XŪYào zhíSHĒNGJĪ!

MĀO Bù **xǐ**HUĀN Bàba de chuánG.

Tài Dà le!

Dì shÍBĀ Yè

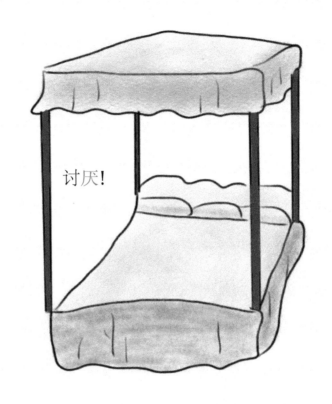

妈妈 的 床 是 **粉**红色
的。猫 不 **喜**欢。

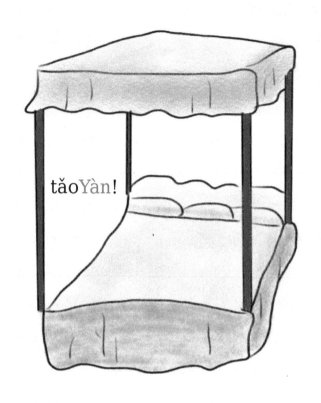

tǎoYàn!

MĀma de chuánG Shì

fěnhónGSè de!

MĀO Bù xǐHUĀN.

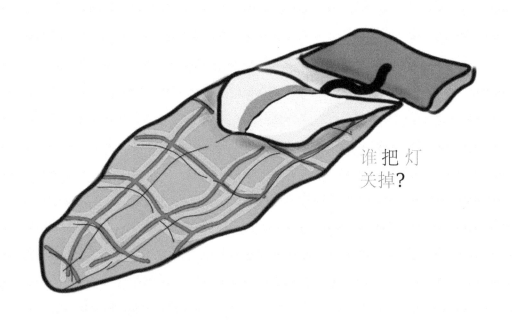

谁把灯
关掉?

但是 小熊貓 宝宝 有 睡袋。
猫 很 喜欢 睡袋！

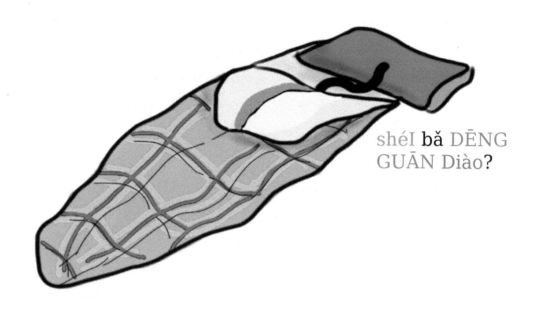

shéI bǎ DĒNG
GUĀN Diào?

Dàn Shì xiǎo xiónGMĀO bǎobao
yǒu ShuìDài. MĀO hěn
xǐHUĀN ShuìDài!

Dì Èrshí Yè

我 在 后面，
是 因为 我
超过 了
他们
一整圈

三只熊貓 买好了 热狗
就 骑 自行车
去 他门 的 家。

wǒ Zài HòuMiàn,
Shì YĪNWèi wǒ
CHĀO Guò le
TĀmen
YĪ zhěng QUĀN

SĀN ZHĪ xiónGMĀO
măihăole Règǒu
Jiù qĺ ZìxínGCHĒ
Qù TĀméN de JIĀ.

Dì ÈrshĺYĪ Yè

我 不要 猫.
我 想 养
豚鼠.

"我们的家
怎么有猫了？"

wǒ bÚ Yào MĀO.
wǒ xiǎng yǎng
túNshǔ.

wǒmen de JIĀ zěnme
yǒu MĀO le?

Dì ÈrshÍÈr Yè

但是 猫 跟 小熊貓 宝宝
都 喜欢 吃 热狗。

DànShì MĀO GĒN xiǎo xiónGMĀO
bǎobao DŌU xǐHUĀN
CHĪ Règǒu!

他门 是 男女 朋友 了！

TĀmen Shì náNnǔ pénGyǒu le!

Dì ÈrshÍSì Yè

ba*	(makes a suggestion)	吧
Bàba*	papa	爸爸
bǎobao*	baby ("treasure")	宝宝
BĀOzǐ	baozi (Chinese steamed buns)	包子
běiJĪNG	Beijing	北京
Bù	not	不
CHĪ	eat	吃
chuánG	bed	床
DànShì	but	但是
de*	s (possessive) or subordinating particle	的
DŌU	all	都
fěnhónGSè	pink	粉红色
GĒN	with; to	跟
hǎo	good	好
hěn	very	很
JIĀ	home	家
Jìu	then (sooner than expected)	就
Kànle*	looked at	看了
KŪ	cries	哭
lálle*	came to	来了
le*	(shows action is finished)	了
mǎihǎole*	finished buying	买好了
MĀma*	mom	妈妈
MĀO	cat	猫
mélyǒu	doesn't have; there isn't/aren't	没有
MiàntiáO	noodles	面条
náNnǔ pénGyǒ	boyfriend and girlfriend	男女朋友
qí	ride (astride)	骑
qíle*	rode (astride)	骑了

Règǒu	hot dog	热狗
SĀNZHĪ	the three (animals)	三只
SĀNZHĪxióng	three pandas	三只熊猫
Shì	is, are, am, was, were	是
ShuìDài	sleeping bag	睡袋
shuǐjiao*	shuijiao (boiled dumplings)	水饺
TĀ	s/he	他
TĀ	she	她
Tài	too	太
TàiDàle*	too big	太大了
TàiRèle*	too hot	太热了
TĀmen*	they	他们
wǒmen*	we, us	我们
xiǎng	feel like	想
xiǎoxióng bǎo	little panda baby	小熊宝宝
xǐHUĀN	likes	喜欢
XĪNGQĪSì	Thursday	星期四
xióngMĀO	panda	熊猫
xióngMĀO B	Papa panda	熊猫爸爸
xióngMĀO M	Mama panda	熊猫妈妈
yě	also	也
YĪ	one	一
yǐzi*	chair	椅子
yǒu	have; there is; there are	有
Zài	is at	在
zěnme*	how	怎么
ZHĪ	(measure word for animals)	只
ZHŌNGguÓ	China	中国
ZìxínGCHĒ	bicycle	自行车